Avenidas da alma

Avenidas da alma

Júlio Araújo

© Moinhos, 2018.

Edição:
Camila Araujo & Nathan Matos

Assistente Editorial:
Sérgio Ricardo

Revisão:
LiteraturaBr Serviços Editoriais

Diagramação e Projeto Gráfico:
LiteraturaBr Serviços Editoriais

Capa:
Sérgio Ricardo

1ª edição, Belo Horizonte, 2018.

Nesta edição, respeitou-se o novo
Acordo Ortográfico da Língua Portuguesa.

Dados Internacionais de Catalogação na Publicação (CIP) de acordo com ISBD

A663a
Araújo, Júlio
Avenidas da alma | Júlio Araújo. – Belo Horizonte : Moinhos, 2018.
108 p. ; 14cm x 21cm.
ISBN: 978-85-45557-19-7
1. Literatura brasileira. 2. Poesia. I. Título.

2018-484	CDD 869.1
	CDU 821.134.3(81)-1

Elaborado por Vagner Rodolfo da Silva - CRB-8/9410

Índice para catálogo sistemático:
1. Literatura brasileira : Poesia 869.1
2. Literatura brasileira : Poesia 821.134.3(81)-1

Todos os direitos desta edição reservados à
Editora Moinhos | Belo Horizonte — MG
editoramoinhos.com.br | contato@editoramoinhos.com.br

Sumário

11	PREFÁCIO
13	Escrita
14	SEM PAPO
15	TORPOR
16	TRILUNÁTICO
17	O VERSO
18	ANTES
19	LIGA
20	NÃO NASCIDO
21	HOLOCAUSTO
22	AGLOMERADA SOLIDÃO
23	HOJE
24	SINESTESIA 1
25	RAIOS DO ONTEM
26	SINTA
27	INTRANSITIVO
28	VIRGUILHA
29	CONTINENTE
30	IDIOSSINCRASIAS
31	REDES SOCIAIS #1
32	VERNIZ
33	FOURSQUARE
34	INSTAGRAM
35	REDES SOCIAIS #2
36	REDES SOCIAIS #3
37	IRREMEDIÁVEL
38	VELUDO
39	RASCUNHO
40	SINESTESIA 2

41	DISTÂNCIA
42	SATÉLITES
43	ANTAGÔNICO
44	ORAÇÃO
45	REFÚGIO
46	CANORO
47	NADA
48	AQUALUME
49	DICOTOMIA
50	MILAGRE
51	CARDIOLOGISTA 1
52	CARDIOLOGISTA 2
53	APAGADOR
54	GLACIAL
55	AVENIDAS DA ALMA
56	VASO
57	VINCOS
58	VENTO LESTE
59	DES ESPER AR
60	PEIXE FORA DO NINHO
61	TEMPOEMAS
62	QUANDO ESCREVO À NOITE...
63	FÉRIAS
64	ANAGRAMÁTICO 1
65	ANAGRAMÁTICO 2
66	AZUL
67	OXIGÊNIO
68	CORAÇÃO
69	POLISSEIVA
70	ARAME FARPADO
71	DESPALAVREIO
72	DA MISSA NEM A METADE
73	INUTENSILIDADE DO POEMA
74	PREFERIDO

75	PONTEIROS NOTURNOS
76	CONTEMPLAÇÃO
77	ABSORTO
78	MORENA
79	CONCHALMA
80	PROPOSTA
81	NA PÁGINA DE CORA
82	CORALINDA
83	DIÁLOGO
84	BORBOLETAM-ME
85	PARA O FIM
86	O TOM DO CAFÉ
87	PSICOGRAFIA MIANTE
88	MAR
89	ERUPÇÃO
90	VOZES LÍQUIDAS
91	DOMINGO LÍQUIDO
92	CONEXÕES
93	SOLRISOS
94	DECISÃO MARÍTIMA
95	OCEANO DE ENTREGAS
96	BORBOLETÁRIO
97	DAS PARTIDAS
98	ROSA
99	SIGNO
100	MEDO
101	MAGNETISMO OCULAR
103	FONTE
104	TENTO UM TINTO
105	TRAVESSIA
106	CONTO TRISTE
107	ÁGUA DE CHUVA

Para você, Marlyo, meu amor,
por me inspirar recomeços
e novas aprendizagens.

PREFÁCIO

Tércia Montenegro

Júlio Araújo é um poeta. Talvez bastasse dizer isso: uma única frase como prefácio deste livro. Mas não resisto ao hábito do magistério de explicar, demonstrar – abrir o leque dos detalhes.

Avenidas da alma é como aquela impressão que Nabokov descrevia, de "uma porta lateral que se abre com estrondo em pleno voo da vida".

É uma lua no céu cardíaco.

E, ao mesmo tempo, é uma poesia sonolenta, com muitas reflexões sobre o ato de escrever como quem se surpreende com os gestos mais simples. Não à toa são curtos quase todos estes poemas, lembram o ritmo daqueles sábios textos orientais.

Ou então são estilhaços – mas não menos preciosos por estarem em pequenas partes. Ainda assim, o poema é cristal... ou quem sabe por isso mesmo? O poema precisa de silêncio para ressoar; é diferente do fluxo da prosa, que arrasta e envolve.

O poema é um único toque, um impacto que reverbera fundo. Há um momento, inclusive, em que Júlio sonha um texto feito só com interjeições. A balbúrdia do verso não cabe na página: extravasa. Neologismos, grafismos, debates sobre a língua atravessam e escavam camadas múltiplas.

Tudo no texto de Júlio é polifônico e intransitivo. Convida ao reler.

A poesia é este pássaro cósmico, antes do tempo.

Sempre convidará a percorrer estes caminhos – veredas, avenidas.

ESCRITA

Os dedos ficaram mordidos pela lembrança
Então, os guardei
Só escreverei quando eles sararem.

SEM PAPO

Queria conversar com a poesia
Mas ela me rouba os travessões
que é para não ter diálogo.

TORPOR

A poesia está sonolenta
E boceja a todo instante,
desconcertando o meu poema,
que teima na página.

TRILUNÁTICO

A minha poesia parece lua cheia
que vai diminuindo e se perdendo
no lençol escuro da noite

Meus versos bocejam
as estrelas somem
e a lua diminui
Eu grito para ela se congelar no lago.

Ela não se contenta em ser uma Lua
E misteriosamente se torna três:

A do céu,
A do lago
E esta aqui.

O VERSO

Os lenços agasalham as lágrimas
As lágrimas encastelam o silêncio
O silêncio hospeda o grito
O grito asila a tristeza
E a tristeza tem o verso por ela.

ANTES

que a primeira gota de oceano se derramasse
[nos mares]
que o primeiro século se calendarizasse
[nas temporalidades]
        que as galáxias se organizassem
[nos universos]

o pássaro cósmico
já voava os céus da poesia.

LIGA

Abuso da coleta dos estilhaços
Mas não consigo liga para uni-los
Lá se foi o meu cristal.

NÃO NASCIDO

Poema, meu filho querido
Perdão se o ventre que te gerou
também te abortou

Ainda vi uma letra daquilo que seria o teu primeiro verso
Mas não deu... foi fatal
Como choro por não ter conhecido o teu rosto

Quando tento dormir
Ouço os gemidos de tuas rimas
Acabo por perder o sono

Tu eras único!
Não haverá jamais outro igual.
Mas te perdi para os esgotos das gavetas

Como anseio por pegar-te pelos bracinhos de tuas estrofes
Pô-lo no colo tranquilo da leitura

Meu único consolo é te amar nas letras
Somente elas contêm o teu DNA
Eu sei que em cada uma delas
Tu estás resignado, calado, emudecido
Apenas não nascido.

HOLOCAUSTO

Como uma simpulatriz ela adentra o altar
Nenhum vocábulo deve ser derramado
Sem que tenha chegado a hora

É chegada a hora do sacrifício
Ela derrama a taça transbordante de palavras

Sem tempo para uma vírgula sequer
O simpúvio vem voando em prosa
Pra se derramar em versos

O poeta foi sacrificado
Gotas de poema são derramadas

E o símpulo se esvazia
Enquanto o simpúvio voa o corpo quente do vate.

AGLOMERADA SOLIDÃO

Escrevo poemas em sânscrito
que é pra filólogo nenhum meter seu bedelho

Também não uso substantivos nem verbos
Oh! Só interjeições

que é para eu musicalizar
minha aglomerada solidão.

HOJE

Silenciei os ecos do pretérito
Não ouço as vozes do porvir
A mim basta a polifonia do agora.

SINESTESIA 1

Voltei-me para trás
Vi o rosto do passado me sorrindo
É no pretérito do passado
que eu vejo o meu presente!

As sombras luzentes do pretérito
exalam o perfume do saudosismo.
Se o perfeito fosse mais-que-perfeito,
eu sentiria a sua cor e veria o seu cheiro
e a sinestesia estaria completa.

RAIOS DO ONTEM

O futuro só o será se do pretérito
O presente calou
Eu calei
E vós, versos, calem também.

Calemos todos,
Exceto o meu querido pretérito.
Se abro as janelas do agora
são os raios do ontem que me iluminam

Tempo, tempo, tempo
Ontem, hoje e amanhã
Vividos no pretérito.

SINTA

Sinta, meu amor,
a sintaxe do vocativo que te chama.

Sinta e senta aqui porque a sintaxe não perdoa
Embora doa e moa o pensamento.

Sou teu sujeito,
Mas não posso ser teu predicado.

E o nosso transitivo amar
também pode ser intransitivo.
Tudo dependerá de nossa cama sintagmática

Venha,
Deitemos nela e veremos.

INTRANSITIVO

A canoa desliza
A água corre

O rio serpenteia
O igarapé tremula

O vento sopra
O seringueiro morre

O Acre sofre
Alguém escreve

Você lê
E o intransitivo é.

VIRGUILHA

A pobre vírgula é uma ilha
Cercada por tantas palavras
Bem no meio de eufrase.

CONTINENTE

Antes que a frase cresça e...
vire um texto e...
avolumem-se as águas e...
dificulte o acesso à ilha
Vou mergulhar nas águas e...
Chegarei ao continente do ponto final.

IDIOSSINCRASIAS

O seu "eu lhe amo"
Arranca-me de uma sintaxe sisuda e arcaica
São suas idiossincrasias que as faço minhas
A sua gramática é minha língua.

REDES SOCIAIS #1

Era incapaz
de estar em algum lugar
sem estressar
aqueles dedos
Tudo era motivo
para um check in
Mas nunca conseguiu estar aqui.

VERNIZ

Desaprendeu
a ser feliz
fora da tela
envernizava-se com as selfies.

FOURSQUARE

Não conseguia mais estar nos restaurantes
Nem em lugar algum
Dedurava-se no aplicativo
Mas essa época passou.

INSTAGRAM

Não
saboreava
os
pratos
nem
a companhia
Mas tinha perícia em fotografar a comida.

REDES SOCIAIS #2

Postava acidez
contra
os filmes
os livros
a política
Precisava parecer cult.

REDES SOCIAIS #3

Os
dedos
bailam
sem parar,
Mas a boca
e os olhos
desaprenderam
a dança dos beijos.

IRREMEDIÁVEL

Uma ampulheta com
água assim
se esvai
o
dia
dos preguiçosos.

VELUDO

Pequenino pássaro,
Em algum canto dessa gaiola
Teu canto se perdeu
Olhas-me como se me pedisses
- *Devolve-me o veludo das nuvens.*

RASCUNHO

Tuas mãos fortes me desenharam
Negro, nu e solto...

Arrancaram-me os véus
Descortinaram-me a alma

E fiquei
Negro, nu e solto...

Entreguei-me,
acreditei
amei

Depois sumiste
Deixaste-me rascunho inacabado
Negro, nu e só...

Longe de ser
Arte final.

SINESTESIA 2

Quando estou com você
Fico vendo o som de tua voz
E ouvindo a cor de tua pele
Aí eu...
me abstraio
e...
me transformo
em
metáfora.

DISTÂNCIA

Se eu pudesse
me teletransportaria
pelas fibras-óticas
mas a tele é má
e só me resta chorar
um mar.

SATÉLITES

A lua do céu é exuberante, glacial e convexa
A do lago parece chorar e tremer
Suas lágrimas aumentam a mansuetude lacustre
Mas a do céu cardíaco
Parece um sol que explode a todo instante.

ANTAGÔNICO

Na voz, sou silêncio
No palpável, sou vácuo
Nas trevas, sou luz
No deserto, sou oásis
No calor, sou frio

Caminho em pleno voo
Sou gelo disfarçada de fogo
Sou coxo, mas não manco
Sou luz disfarçado de escuridão
No antagonismo está o encanto.

ORAÇÃO

Por favor,
Ama-me a alma
Não sou só genital
Sou também espiritual.

Ama-me a pessoa
Não sou só língua
Sou também linguagem.

Ama-me num sorriso
Não sou só amasso
Sou também cansaço.

Ama-me em silêncio
Não sou só agitação
Há em mim um pouco de oração.

REFÚGIO

Bem no meio de
D eu S
Estou eu...
Abraçado
Amparado
Querido,
Amado.

CANORO

Silenciaram-se os recursos
Emudeceram-se as sonoridades
Tombaram-se as melodias
Um dia o riso foi canoro.

NADA

Em meu triste lago
um cardume de sisudez
nada
E nem assim
uma ondinha lacustre
se faz.

AQUALUME

A
água
me
resgata
da
secura.
Ilumino-me
quando
mergulho
em
mim.

DICOTOMIA

Cá eu,
Não você!

Estou cá
Onde você não está.

Lá você
Não eu!

Estás lá
Onde não estou.

E assim
Vamos polarizando
Nossas vidas
Tão dicotômicas.

MILAGRE

Eu moro numa bola cheia d'água
Soltinha no espaço

Neste imenso sol aquático
Nenhuma gotinha se derrama...

E neste parque aquático flutuante
Vivo com
a água e
a bola
no uni
(verso)...

CARDIOLOGISTA 1

Tudo nesse lugar lateja descaso
Estou em uma cardiospera
Mas eles não vão me embrutecer
meu coração sabe esperar
Que venham as teias de aranhas
Elas tecerão poemas.

CARDIOLOGISTA 2

- Senhor Esperante?
- Pois não?
- A sua cardioespera chegou ao final.
- Por quê?
- O Dr. Cardio manda avisar que
[por motivo de força maior]
seu coração não será atendido hoje

A voz áspera e intratável saiu
Foi sibilar enfartes a outros
De minha parte,
Prefiro as aranhas a enfartar.

APAGADOR

Oh, apagador de fogos ardidos,
Se tu queres que eu parta
Então apaga a dor que me queima
E em contrapartida
A paga que te dou é a dor que me parte.

GLACIAL

Injeto
palavras
quentes
 em
sentidos
álgidos.

AVENIDAS DA ALMA

Descortino o sentimento
Acendo as pálpebras do coração
Aceito o colírio da luz da manhã
Enxergo além do olhar cansado

Aqui dentro
Sinto sua cadência e ouço sua voz
Não há lugar mais seguro para mim
Por isso habito nas cárdias avenidas da alma.

VASO

À noite era invisível
Estava rachado
Cheio de fissuras
Mas, ao amanhecer,
Os raios dourados do sol lhe atravessavam.

VINCOS

Antes, um leito
As águas o fizeram macio e acolhedor
As águas serenavam-se cristalinas
Pareciam infinitas

Onde um dia
Agasalhei um rio livre
Agora, seixos rugosos   .

Os vincos nos calhaus
Não trazem dor
Eles jazem aqui
Mas trazem venturosas imagens

Um dia um rio correu em mim
Hoje ele foi-se
Agora é puro oceano.

VENTO LESTE

Estava fatigado
A suavidade da brisa leste chegou
Encheu o salão principal do meu coração
Os ventos continuaram a soprar
Mas ele foi rodopiar
em outros lugares.

DES ESPER AR

Neste dia não olharei para os prefixos
Eles des tentam me reviver recaídas
Não ficarei invigilante
Meus olhos não estão prefixos em nada
Fixaram-se apenas em alguns verbos
Eles me trazem ar.

PEIXE FORA DO NINHO

Se sou peixe
Estou fora d'água
Ou não sei nadar

No mínimo,
Estranho (n)o ninho
No máximo,
Não sei voar.

TEMPOEMAS

Estavam emudecidos nas gavetas
Esperando nos caderninhos antigos
Calados nas velhas agendas
Dobrados em guardanapos usados
Amarelados em provas da época do colégio
Comprimidos em antigos arquivos de Word
Transformados em dados
Nos meus velhos disquetes
E CD-ROMs

Em todos os meus lugares
Em todos os meus tempos
Nas minhas várias idades
Nas várias vidas que tive
Eles estavam sempre lá
Discretos, marcando, temporalmente
Aquilo que fui, sou e serei
Todas as circunstâncias são propícias ao poema.

QUANDO ESCREVO À NOITE...

Orvalho-me na esperança dos recomeços
As palavras me amanhecem
Celebro novas alvoradas
Auroro minhas retinas e boicoto as rotinas.

FÉRIAS

Eu juro, julho,
Que se você julhar meu coração
Julhado ficarei.

ANAGRAMÁTICO 1

É uma regalia
Não sofrer alergia
Quando o muro da galeria
Vira rumo para alegria.

ANAGRAMÁTICO 2

Saia da lama
Arrume sua mala
Ponha um perfume na alma
E vamos comigo.

AZUL

Um odor de uma lágrima qualquer
Derramou-se sobre meu olfato
E a sua aspereza arrepiou uma aflição

Quando os meus olhos sorveram aquilo
Minha alma viu-se diante da austeridade da dor
Ela não era amarga, nem salgada, nem doce
Era insípida

Sua forma, por um instante,
Derramou gotas de eternidade em minha face
E deformou meu sorriso

Mas o beija-flor é célere
Acaronei-me de suas asas e subi ao fogo azul
Em seus lumes requeimei o odor
E no azul redesenhei meu riso.

OXIGÊNIO

Nem sempre um cisco na página significa algo
Não é toda hora que um poema se deixa entrever
Mas um cisco no meu coração é sempre um poema
Porque o coração, que também é músculo,
Carece de oxigênio para que funcione adequadamente.
Que os ciscos habitem-me os átrios
E que os ventrículos bombeiem-me sempre os ciscos.

CORAÇÃO

O coração não é apenas músculo
Ele me fala de tanta coisa
Ele me fala de cor
Ele me fala de oração
Ele me fala de ação
Ele me chama para colorir minhas ações com a luz da prece
A vida deve ser uma coloração.

POLISSEIVA

A palavra é esperta
Nunca se diz óbvia e nem se reivindica inocente
Ao se albergar em sua entrecasca
Esparge luzes criacionistas

Do interior de sua botânica sintática
Emergem entremundos
E de tão minúsculos
galaxiam-se por pura concessão contextual

As sutilezas dos sentidos orbitam
Diante das necessidades verbais
Os sentidos ficam para quem mergulha
Na seiva do verbo.

ARAME FARPADO

O agora não é desconectado do ontem
e nem do amanhã
Sempre, em algum lugar, de sua extensão
Temporalidades se encontram
As farpas de hoje lembram as de ontem
E já ensaiam as de amanhã
O tempo é um arame farpado
E se formos habilidosos
As farpas do arame se transformam em pássaros.

DESPALAVREIO

a descoloração que impuseram ao arco-íris
a discórdia estabelecida pela desfaçatez
a desmentira de quem inverdadeou
o desvelo falso da alma descarada
o desamor que feriu o mundo
a destrava dos ferrolhos da desliberdade
a desmemória de quem desleu
o desódio que aflige a alma
E não desdigo nada.

DA MISSA NEM A METADE

Não importa se a pena que afaga a alma
É de Mário, de Oswald ou de Carlos
As letras seriam tristes sem Andrade

Pouco importa
Se vem pelos Campos concretos
Se nos traz as vozes dos Anjos
Ou se possui um Coração Verde
O que importa
É que as páginas sejam habitadas por Augusto

Não importa se é de Barros
Ou se nos hasteia Bandeiras
O mundo seria despalavrado sem Manoel
E dessa missa não rezei nem a metade.

INUTENSILIDADE DO POEMA

Sinto-me tão gestante de sentidos
Se caminhar um passo que seja
De mim caem sílabas e logo formam textos
Mas Manoel alertou
'Ninguém é pai de um poema sem morrer'

Assim para fugir da morte de parto
E da inutensilidade do poema
Deito-me no chão da vida

Ofegante, (con)sinto as palavras
O direito de me reivindicarem como pãe
E elas dilaceram-me os dedos
E rasgam-me a alma
E nascem-me de mim.

PREFERIDO

Quando o corpo arde igual a um vulcão
A garganta alberga uma brasa incandescente
E o nariz transmuta cachoeiras

É hora de ficar quietinho na cama
Desfrutar chás com mel e limão,
Saborear sopas quentinhas
Mas ser o seu doentinho [mais] preferido
era o melhor do cenário.

PONTEIROS NOTURNOS

Na coreografia dos ponteiros noturnos
Estudei muito
Li bastante
Até escrevi poemas
A noite se faz longa
O dia está chegando,
Mas a noite permanecerá.

CONTEMPLAÇÃO

Por cada um de seus olhos
Derramava-se um oceano

Seu sorriso era um sol
Jorrava luz de cada riso
E tudo nele resplandecia

Para contemplá-lo do melhor ângulo
Fiz-me montanha.

ABSORTO

O dia se pôs
Passou tão veloz
Acenou-me um sorriso dourado
Derramou-se oceano pra mim
Mas eu estava chovendo
E perdi o milagre.

MORENA

Amorenando
Amor reinando
Em minha varanda

A morena chegou
Veio tão silenciosa
Eu nem a percebi

No cabelo um belo *design*
Uma joia prateada
Uma linha fininha
Uma insinuante redinha

É a lua
nova
mente
E ela me sorriu
um boa noite.

CONCHALMA

Chovo pelo dia que não fui
Anoiteço pelo sol que dormiu
Encolho-me pelo mar que não derramei

Faz-se noite
Entro na concha
Hora de caranguejar a alma.

PROPOSTA

Tenho em mim um silêncio eloquente
Que grita comigo
Aponta os defeitos
E me engaiola em grades caladas

Igualmente tenho em mim palavras
Caladas
Ensurdecidas
Emudecidas
Adoecidas

A proposta é que o silêncio se cale
E que voem das gaiolas as palavras.

NA PÁGINA DE CORA

Com Aninha, a criação é ilimitada
Gosto de suas pedras mágicas
Com elas recrio a vida
Reluto batalhas
Chego aos sabores

Aninha jamais é mesquinha
Ela me empresta suas pedras mágicas
Então faço poemas, roseiras e doces

Aninha e suas pedras
São cores derramadas
Na página de Cora.

CORALINDA

Cora é dessas entidades raras que me traz cor
Ela é reveladora de luz
Linhas de arco-íris
Escorrem da palma de sua mão
Elas boicotam os dias cinzas

Tão mágica é Cora
Que dentro de mim eu vejo um menino
Tomando banho de rio vermelho.

DIÁLOGO

"Não tenho a pretensão de ser lido"
Dizia-me, suplicante, o poema
"Então, deixe-me nascer"
Continuava em sua peleja
"As condições são propícias ao meu nascimento"
"E quais são elas?"
Quis saber
"Tenho uma mãe, um pai e um berço confortável"
"E quem são eles"
Tornei a insistir
"A Sra. Poesia e o Sr. Poeta"
"E onde está o teu berço, menino?"
"Nesta página".

BORBOLETAM-ME

Se crisálida já fosse eu,
Estaria calmo.
E esperaria o momento de asar-me aos céus.

Mas, enquanto esperasse,
Estaria aurelianamente plácido.
Mas ainda lagarta sou,
E, portanto, rastejo-me no meu tempo.

Mas um tempo chegará
Em que um voo não será apenas um voo.
Será poesia explodindo pelos ares.
E gerará conexões demoradas

Porque, deliciosamente,
Gosto de me demorar nas palavras
Pois as palavras borboletam-me.

PARA O FIM

Protegido pela capa protetora da parafina,
Foi me dado um tempo para eu flamejar.
Ladeado por ela, eu brilho.
Mas, enquanto cintilo o mundo,
Eu vou me consumindo.
Enquanto queimo,
Vou diminuindo.
Enquanto lampejo,
Estou reduzindo.
Mas, se iluminar-se for isso,
Que me seja permitido descer
E parafinar-me para o fim.

O TOM DO CAFÉ

Sempre que o orvalho desanoitecia
O tom do café pintava sons matinais
Do bule ao paladar uma orquestra cantava em suas manhãs

As notas se derramavam melodiosamente na xícara
E a esperança fumegava, silenciosa e recatada

Aprendeu a contemplar o cantarolar das manhãs solitárias
As descidas das canções em sua chávena o mantinham feliz

E assim seguiam os seus anos
Sempre pintados de recomeços
E aromatizados pelo orvalho amanhecido.

PSICOGRAFIA MIANTE

Os poemas que me habitam são como a minha gatinha Blue
Se eu pensar qualquer coisa
Eles miam insistentemente
E ronronam sua vibração exótica em meu íntimo
Ficam nessa lamúria até que eu lhes abra a porta dos sentidos

Quando atendo as suas súplicas
E finalmente lhes apresento à vida semiótica
Eles parecem um gatil de Blues
E numa velocidade de quem deseja ser psicografado
Escorrem cantando pelos meus dedos
Pulam direto do meu coração para tela
E se aninham felizes mordendo uma maçã.

MAR

Seu nome é irrigado
e molhado por essência

Sua alma é um oceano de energias
é um universo maravilhoso

Derrama com suavidades intensas
Melodias marítimas sobre meu peito

Eu, praia aberta
Você, mar suavemente revolto
Eu, beijado por suas ondas
Você, infinitamente a me transformar

Espraiado e sereno,
Ofereço-lhe um beijo macio

Se tudo se avolumar
Você se derrama
E me ama
E de praia também me transformo em mar.

ERUPÇÃO

Todo eu vulcão estou
Explodindo em refinado silêncio
Minhas lavas cálidas e grossas

Um rio quente de desejos
Desce pelos vales cardíacos
E queima minhas artérias sedentas

Não te aproximes de mim
Meu coração aquecido em saltos já avisa
Minha boca seca é perigosa

Se eu te beijar eu te incendiarei
Eu erupcionarei teu corpo inteiro
E em vulcão também te transformarás.

VOZES LÍQUIDAS

Deveríamos ser leveza, inteireza
Beijos e café
Carinhos e cinema

Não fomos película, nem jantar,
Vinho nem pensar
Fomos silêncios e lágrimas
Nós e o primeiro
Somos vozes líquidas que se ferem

Os ponteiros impiedosos seguiram sem nós
Não esperaram
Eles nunca esperam
Preferimos o vácuo da atemporalidade.

DOMINGO LÍQUIDO

Escorreu-se pelas mãos
Levou o sol, o mar e o cinema
Deixou-me molhado pelas possibilidades
[do que não aconteceu
Agora é quase segunda
E uma semana líquida e cinza
Escorrerá sem escrúpulos
Pelas artérias que estão lá
grimaça
sem
graça.

CONEXÕES

Cada onda que se derrama na eupraia
É um beijo em minha alma
E a cada 'até logo' sinto nossa corrente de energia
Pois no indo e vindo das águas
Transitamos conexões sublimes.

SOLRISOS

O teu sorriso é cristal
Delicadamente raro e iluminado
Quando sou presenteado por ele
Um sol se abre ante meus olhos
E minha alma é inundada

Teus olhos são faróis
Fachos de luz se espargem por eles
Quando teu olhar se derrama sobre o meu
Um agrupamento de sóis se acende
E nos transformamos em galáxias.

DECISÃO MARÍTIMA

O mar decidiu me conhecer
Foi uma decisão muito séria
Ele mandou que suas ondas me trouxessem
E eu vim ao seu centro

Não sei nadar, mas me deixei vir
Foi também uma decisão muito séria
Permiti-me ser corajoso e saí da margem

Agora, já não sou praia
Estou à deriva suave
E danço a sua coreografia ondina

Oceanografei-me em suas águas
Acostumei-me a aguardar o mergulho do sol
Ele sempre me traz ouro ao final da tarde.

OCEANO DE ENTREGAS

Infinitamente agora
Eternamente hoje
Para sempre aqui
Assim as ondas do mar
Vêm e vão
Sem as pressas do devir

Quando vêm
Dizem-me que estavam com vontade de mim
Quando vão
Falam-me que não tardarão a voltar sem fim

E nesse pêndulo molhado
O mar e eu vamos construindo
Um oceano de entregas.

BORBOLETÁRIO

A tua energia é poderosa
Ela transforma o meu estômago em um borboletário
Bilhões de lepidópteros melodiam sons alíferos

Basta fechar meus olhos
Para eu sentir a força das bilhões de asinhas

Enquanto suspiro notas de gratidão ao universo
Levito na transmutação das borboletas em palavras.

DAS PARTIDAS

Com reverência, segurou meu coração
[em suas mãos delicadas
Senti o calor zeloso de quem sabe ter um coração nas mãos
Então, beijou-me os lábios e a face
Depois caminhou e partiu

Deixou-me um sorriso lindo
E um olhar radiante
Ao acenar o inevitável tchau
Meu coração também partiu

E fiquei só
Com um sorriso amarelo
E um olhar molhado.

ROSA

Minha alma é uma rosa perfumada
Em cada pétala de que me componho
Os meus mistérios se entremostram

E nas partes de minha corola
Existem pitadas aveludadas de eternidade
que se fingem frágeis

Aos olhos que me ferem com malmequer,
Embora rosa eu seja,
Aviso que também posso ferir
O espinho ainda é constitutivo daquilo que me floresce

E quando o tempo de me desfolhar chegar
Não terei medo
Se hoje sou Rosa de Araújo
Minha alma tem a eternidade para se vestir de outras rosas.

SIGNO

Para quase ninguém me verbalizo
Se te dou a minha palavra
É doação do meu melhor

Mas o teu silêncio monossilábico
Me morde o verbo
As dentadas frias de tuas não-respostas
Ferem-me a eloquência

Tua presença se faz na ausência de vocativos
E [só] então me inquiro

Será que em teu texto
Deixei de ser digno?
Deixei de ser signo?

MEDO

Dias existiram em que a tua voz perturbava
Afônica e desafinada, ela feria meus tímpanos.
Tudo em ti me soava gélido e feio
Você insistia em exalar um odor
[que me incomodava as narinas

Mas você não me prende mais
Agora eu me assemelho a um cetáceo
E fungo forte pra cima

Expilo para longe a tua agressão olfativa
E numa velocidade marinha
Aciono minhas nadadeiras

Deslizo no azul infinito
Nado para bem longe de ti
Estou livre no oceano de minha coragem.

MAGNETISMO OCULAR

O coração acelerada
mente
cálido
calado
alado

Rasgou o peito num rasante
E pousou em uma face olhante

Era um
Par
Eram dois
pá

Sentiu-se atingido
Pelo tiro daqueles
olhos
e
caiu

Jazia
Amor
tecido

Dentro
Sentiu
Mãos entrarem
Em sua caixa torácica

Foi suave
mente
colhido
e sentiu-se
ido.

FONTE

Uma lágrima intrusa furou-lhe os olhos
Desceu vagarosamente queimando-lhe a face

De onde vinha aquela água térmica?
Qual a fonte do sol líquido
Que temperava-lhe as têmporas?

Resolveu fazer o caminho de volta
Perseguiu, inversamente, o trajeto molhado
Escorreu-se pelos olhos a dentro

Viu-se no interior da face
Ela era bem diferente do que aparentava por fora
Quase se assustou com o que leu em si

Olhou para baixo
Descobriu uma escada
Achou acesso ao músculo cardíaco
Desceu no ritmo das batidas
Lá dentro
Banhou-se na grande fonte do mistério.

TENTO UM TINTO

Uma ausência presentificada incomoda minha alma
A sonoridade emudecida daquela gargalhada se impõe
E o chicote do silêncio castiga o ar da sala vazia

Enquanto um casco de caranguejo alberga um coração
Aproveito para identificar uma saída do vácuo
Mas ele teima em sentar à mesa comigo

Calculo que se tento um tinto
Poderia colorir meu momento cinza
Degustá-lo resgataria a sonoridade
[evaporada pela ausência quieta
Adego-me com pressa e esperança casa adentro

Sirvo uma taça vazia de sorrisos
Mas cheia de *cabernet*
Aos poucos esvazio-me da ausência ressentida
E presentifico os aromas amadeirados daquelas gargalhadas

O cristal está esvaziado do líquido divino
Mas, miraculosamente, o percebo pleno de sorrisos
Deve ter sido a prece murmurada que fiz a Baco

Iria apenas degustá-lo, articulo cá comigo,
Mas vi que te sorvi por inteiro
Mergulhei no aroma gargalhadisíaco e te bebi em grandes goles

Finalmente, o vácuo abandonou a sala
Baco e Dionísio desceram à mesa
Eles me apoiam
E com eles eu brindo a tua presença no universo

TRAVESSIA

Na travessia inóspita
Disserto
Há um
Ser
No meio do
Deserto.

CONTO TRISTE

Mariana é uma moça mineira de voz macia
Ela tem um mar no nome
E Bento no coração

Eram felizes
E às margens do Rio Doce
Celebravam o seu amor

Marco os espreitava com olhares rejeitos
Vale tudo para por fim àquele amor
[ele tramava]
Sorrateiramente e fingindo-se silencioso
Minerava-lhes a dor

Foi num dia desses silêncios falsos
Que Marco arrastou Bento
E feriu mortalmente Mariana

Agora a voz macia está rouca
E se ela ainda tem um mar
É apenas de lama.

EDITORAMOINHOS.COM.BR

Este livro foi composto em Garamond, enquanto Mighty Sam McClain cantava *When The Hurt Is Over*, no dia do trabalhador, em 2018, para a Editora Moinhos.

ÁGUA DE CHUVA

Do cume de tuas montanhas sublimes
Exalas-me verdes sagrados em tons diversos

O sorriso de Oxum
habita teus espelhos d'água
E derrama-se em mim
feito cascatas de afagos

Com lealdade escorpiana sussurras-me a alma
Ouço tua confidência em um eloquente tupi
Tua voz parece água de chuva no telhado

E dizes-me que
me ama aqui
e me ama ali
no Amanari.